맛있는 요리책 Cook&Cook 시리즈 Vol.6

KB250753

"닭고기로 만드는 반찬&요리"

맛있는 요리책 Cook&Cook 시리즈 Vol.6
"닭고기로 만드는 반찬&요리"

초판 발행 2015년 05월 20일
발행인 김진용 / 발행처 (주)지원출판
편집 이슬비 / 제작책임 윤미경 / 마케팅 책임 이홍연
콘텐츠 제공 29MEDIA

도서, 마케팅 문의 전화 031-941-4474 / 팩스 0303-0942-4474
주소 경기도 파주시 탄현면 웅지로 110번길 71 / 등록번호 406-2008-000040호
홈페이지 www.jiwonbook.com

CONTENTS

닭 고 기 이 야 기 | **1** 닭 고 기 는 …

영양과 맛, 경제성을 고루 갖춘 식품!

닭고기는 돼지고기나 쇠고기와는 달리 섬유질이 가늘고 연해서 지방을 제거하기 쉽고, 칼로리도 낮아 다이어트 식단에 많이 활용되는 우수 식품.

영양은 … 촉촉한 수분을 느낄 수 있는 신선한 닭고기에는 콜레스테롤 함량을 낮춰주어 각종 성인병을 예방하는 리놀레산이 다량 함유되어 있다. 특히 가슴살은 다른 동물성 식품에 비해 월등히 높은 단백질을 가지고 있어 체중 조절을 필요로 하는 사람에게 알맞은 식품이다. 체내에서 비타민 A로 바뀌는 레티놀이 다량 함유되어 있어, 단백질의 주공급원이 된다. 저렴한 가격으로 구입이 가능하므로 영양과 맛, 경제성을 고루 갖춘 식품이라 할 수 있다.

조리할 때는 … 식용 닭은 온도나 빛의 양, 먹이의 양 등 환경 조건이 엄격히 관리되어 생산된다. 이렇게 사육되는 닭은 운동 부족으로 근육 조직의 발달이 늦기 때문에 예전에 비해 전체적으로 지방분이 많다. 특히 껍질 부분에 지방분이 많은데, 이 지방은 조리할 때 양념 맛이 고기 속까지 스며드는 것을 방해하므로 포크로 껍질을 찔러 양념이 스며들도록 한다. 또한 닭고기에 붙어 있는 지방은 조리 후에도 냄새가 나므로 떼어낸다. 피하에 있는 지방 덩어리를 떼어내면 지방이 거의 없으므로, 식물성 기름을 넣어 조리하거나 여러 소스를 넣어 끓이는 등으로 다양한 요리법을 활용해 보도록 하자.

고르는 요령 ··· 신선한 닭고기는 껍질에 광택이 있고 투명한 느낌이 든다. 색깔이 누렇고 육질에 탄력이 없는 것은 오래된 것이라 볼 수 있다. 껍질에 주름이 많고, 닭 표면에 모공이 확실하게 솟아나와 표면이 거친 것일수록 신선한 것이다.

보관은 ··· 닭고기는 맛술을 살짝 뿌려 밀폐된 용기에 넣어 보관하거나, 양배춧잎에 잘 싸 냉장고에 넣어두면 빛깔과 맛이 변하지 않은 상태로 보관할 수 있다.

국내산 닭고기	vs	수입산 닭고기

＊＊ 냉장 상태로 유통되어 윤기와 탄력이 있다.

＊＊ 냉동하지 않으므로 원모습을 그대로 유지한다.

＊＊ 크기가 다양하며, 목이 붙어 있는 경우가 많다.

＊＊ 냉동 상태로 유통되어 윤기와 탄력이 떨어진다.

＊＊ 많은 양을 냉동포장으로 수입하여 짓눌린 것이 많다.

＊＊ 크기가 고르며, 목이 없다.

간장닭불고기 _ 4인분

재료와 분량
닭다리살 600g
깻잎 20장

ⓐ 양념
양파즙 2큰술
청주 1큰술
다진 마늘 1/2큰술
소금 · 후춧가루 약간씩

ⓑ 양념
간장 5큰술
맛술 2큰술
꿀 1큰술
다진 마늘 1큰술
생강즙 1작은술
소금 · 후춧가루 약간씩
참기름 1큰술

이렇게 만들어요

1 닭고기는 한 입 크기로 썰어서 준비하고, ⓐ의 양념을 넣어 20분 정도 재어둔다.

2 볼에 ⓑ의 양념을 잘 섞어서 양념장을 만든 뒤 ①의 닭고기를 넣어 재어둔다.

3 깻잎은 한 장씩 잘 씻어서 물기를 뺀다.

4 프라이팬에 기름을 두르고 ②의 닭고기를 넣어서 구워낸다.

5 깻잎에 ④의 닭고기를 돌돌 말아서 한 입 크기로 썰어서 낸다.

Cooking Tip
닭고기는 다리살로 준비한다. 닭다리살은 지방과 단백질이 조화를 이루어 쫄깃쫄깃하며 모양도 좋다.

1 닭고기는 다리살로 준비한다. 지방과 단백질이 조화를 이루어 쫄깃쫄깃하며 모양도 좋다. 한 입 크기로 썰어 양념에 재어두었다가 팬에 노릇하게 구워낸다. **2** 구워낸 닭고기를 깻잎에 돌돌 말아 먹기 좋게 썰어 손님상에 낸다.

닭강정 _ 4인분

재료와 분량

닭봉 20개
(소금 1큰술, 후춧가루 1/2작은술,
맛술 2큰술, 양파즙 2큰술)
튀김기름 약간
다진 마늘 1큰술
다진 파 1/2큰술
다진 생강 1/2작은술
녹말가루 1컵
달걀 1개

양념장

고추장 3큰술, 토마토케첩 1/2컵
간장 1큰술, 후춧가루 1/2작은술
물엿 2큰술, 설탕 2큰술

이렇게 만들어요

1 닭봉을 깨끗하게 씻은 후 키친타월을 이용해서 물기를 닦아낸다.

2 ①을 볼에 담고 소금, 후춧가루, 맛술, 양파즙을 넣어서 30분 정도 재어둔다.

3 볼에 양념장 재료를 분량대로 넣고 고루 섞는다.

4 ②의 닭고기에 달걀과 녹말가루를 넣고 고루 섞는다.

5 180℃의 기름에 닭고기를 넣어서 속까지 완전하게 익도록 튀겨낸다.

6 ⑤를 높은 온도에서 한 번 더 튀겨낸다.

7 프라이팬에 기름을 두르고 마늘 · 생강 · 파 다진 것을 넣어서 잘 볶다가 ③의 양념장을 넣고 끓인다.

8 ⑦에 튀겨놓은 닭고기를 넣어서 잘 볶아낸다.

1 닭고기에 소금, 후춧가루, 맛술, 양파즙을 넣어 재어놓는다. 2 볼에 양념장 재료를 분량대로 넣고 고루 섞는다. 3 재어놓은 닭고기에 달걀과 녹말가루를 넣고 고루 섞는다.

북어 넣은 닭찜
_ 4인분

재료와 분량
닭 1마리
마른 고추 2개
다시마 15㎝
북어포 1마리
미나리 2대
소금 1작은술
후춧가루 약간
샐러드유 약간

양념장
물엿 50g, 물 1컵
간장 4큰술, 다진 파 3큰술
다진 마늘 · 다진 생강 ·
깨소금 1½큰술씩
설탕 2큰술, 후춧가루 약간

이렇게 만들어요

1 닭은 먹기 좋은 크기로 토막 내어 뜨거운 물을 부어서 기름기를 뺀다.

2 마른 고추와 미나리는 적당히 썰고, 다시마는 물에 불렸다가 3㎝ 폭으로 썬다.

3 북어는 물에 담가 말랑해지면 물기를 짜서 한 입 크기로 썬다.

4 팬에 기름을 두르고 닭을 지진다.

5 ②, ③, ④를 만들어둔 양념장에 버무린 다음 찜을 할 냄비에 차곡차곡 담아 국물이 잦아들 때까지 찐다.

Cooking Tip
찜 요리를 할 때, 찜솥에 물이 끓어 김이 오를 무렵에 메인 재료를 넣는다. 그래야 음식이 질퍽하게 풀어지지 않으면서 맛을 제대로 낼 수 있다.

구기자 닭고기찜
_ 4인분

재료와 분량

닭고기 살 300g
구기자 1/3컵
대파 1대
생강 2톨
간장 2큰술
맛술 1큰술
참기름 1큰술
토마토 1개
식용유

이렇게 만들어요

1 닭고기 살은 가장자리에 붙어 있는 기름을 떼어내고 3~4번 어슷하게 칼집을 넣는다.

2 저며 썬 파, 생강과 간장, 맛술, 참기름을 섞은 다음 ①의 닭고기 살을 30분 정도 재어둔다.

3 팬에 기름을 두르고 ②를 살짝 지져낸다.

4 구기자는 흐르는 물에 씻어 불려둔다.

5 지진 닭고기에 구기자를 얹어 찜통에서 약 8분간 찐다.

6 ⑤가 익으면 어슷하게 저며 썰어 접시에 담고, 토마토 구운 것을 곁들인다.

Cooking Tip

찜을 할 때 물의 분량은 찜통의 70~80% 정도가 적당하다. 불이 너무 세면 재료가 속까지 익기 전에 물이 졸아버리므로 중간 불에서 서서히 익힌다. 조리 도중 물이 너무 졸았다면, 찬물이 아닌 끓는 물을 다시 넣어 음식을 익혀야 제 맛을 낼 수 있다.

닭고기 야채볶음
_ 4인분

재료와 분량

닭고기 100g
양파 1/4개
당근 20g
마늘 2쪽
중국 부추 50g
양송이 5개
표고버섯 5개
식용유 1큰술
참기름 1/2큰술
맛술 · 간장 · 소금 · 후춧가루
약간씩

이렇게 만들어요

1 닭고기는 굵게 채 썰어 소금, 맛술을 뿌려 잠깐 재어놓는다.

2 당근과 양파는 굵게 채 썰고, 중국 부추는 4cm 길이로 썬다. 마늘은 저며 썬다.

3 양송이는 얄팍하게 저미고, 표고버섯은 불려서 기둥을 뗀 후 굵직하게 썬다.

4 팬에 기름을 두르고 마늘을 넣어 볶다가 ①~③을 넣어 볶는다.

5 마지막에 중국 부추를 넣고 간장, 소금, 후춧가루, 참기름으로 맛을 낸다.

Cooking Tip

닭고기를 볶을 때는 팬을 미리 달구어 준비한다. 충분히 팬이 달구어지면 기름을 두르고 닭고기를 넣어 센 불에서 재빨리 볶는다. 물과 양념장, 채소를 넣은 다음 재료가 속까지 푹 무르게 익도록 열을 낮추어 국물이 없어질 때까지 조려주면 완성.

닭고기
편육냉채
_ 4인분

재료와 분량

닭가슴살 100g
오이 1/2개
토마토 1개
무순 약간
대파 · 마늘 · 생강 약간씩

겨자소스

겨자 갠 것 1큰술
식초 2큰술
배즙 2큰술
간장 1작은술
소금 1작은술
설탕 1작은술

이렇게 만들어요

1 닭고기는 껍질을 벗기고 살로만 준비한다. 끓는 물에 대파, 마늘, 생강을 넣고 삶아, 익으면 건져서 식힌 후 찢는다.

2 오이는 씻어 어슷하게 썬다.

3 토마토는 얇게 반달 모양으로 썬다.

4 분량의 재료를 섞어 소스를 만든다.

5 접시에 토마토를 돌려 담고, ①의 닭고기와 ②의 오이를 번갈아 담은 후 무순으로 장식하고 소스를 곁들여 낸다.

Cooking Tip
닭고기는 돌돌 만 다음 조리용 실을
이용해서 단단하게 묶어 삶는다.

cook&cook series 6 · chicken · cook&cook series 6 · chicken · cook&cook series 6 · chicken · cook&cook series 6 · chicken ·

13

마늘소스 엎은 닭고기찜 _ 4인분

재료와 분량
닭다리 2개
장식용 오이와 당근 약간씩
대파 1/2대
생강 1톨
청주 1큰술
소금 1작은술

마늘소스
간장 3큰술
식초 2큰술
참기름 1/2큰술
다진 마늘 1/2큰술
다진 파 1/2큰술
다진 생강 1작은술

이렇게 만들어요

1 닭고기는 물에 씻어서 물기를 없앤 후 접시에 담고, 닭 껍질 부분에 소금을 발라서 재어둔다.

2 대파와 생강은 얄팍하게 저민다.

3 ①의 닭고기에 파와 생강, 청주와 소금을 넣은 다음 30분 정도 찐다.

4 볼에 분량의 재료를 넣어 마늘소스를 만든다.

5 ③의 고기가 다 익으면 꺼내서 식힌 후 먹기 좋게 살만 발라낸다.

6 오이와 당근은 필러를 이용하여 껍질을 벗기듯이 깎는다. 이것을 접시에 담고 닭고기를 얹은 후 마늘소스를 끼얹는다.

1 닭고기는 물에 씻어 물기를 없앤 후 접시에 담고, 소금을 닭 껍질 부분에 발라서 잠시 재어둔다. 2 잠시 후 닭고기에 대파, 생강 편을 얹고 청주를 부어 다시 30분간 재어두었다가 조리한다.

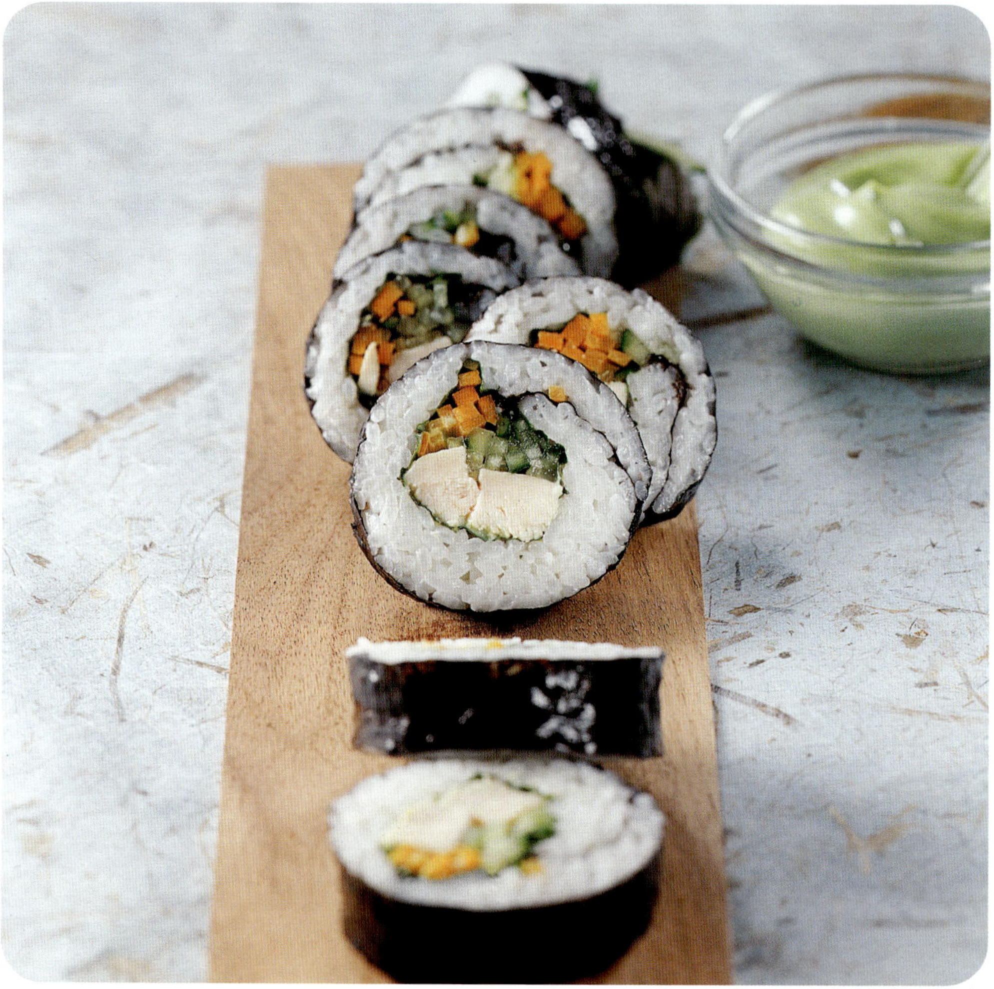

닭고기야채김밥 _ 4인분

재료와 분량
닭고기 가슴살 2장
오이 1개, 당근 1/2개
무순 약간, 깻잎 4장
김 4장, 밥 2공기
대파 5cm
슬라이스한 생강 2쪽
통후추 2알

초밥 양념
식초 2큰술
설탕 2큰술
소금 1작은술

고추냉이소스
고추냉이 1큰술
마요네즈 2큰술
레몬즙 1작은술
소금 · 후춧가루 약간씩

이렇게 만들어요

1 식초와 설탕, 소금을 분량대로 넣고 고루 섞어 초밥 양념을 만든다.

2 뜨거운 밥에 ①을 붓고 고루 섞이도록 잘 비벼서 준비한다.

3 냄비에 물을 붓고 대파와 생강, 통후추를 넣어 끓인다. 물이 끓기 시작하면 닭고기를 넣어서 삶는다.

4 삶은 닭고기는 건져서 식힌 다음 1cm 굵기의 막대 모양으로 썬다.

5 오이와 당근은 채를 썰어 준비하고, 무순은 씻어서 물기를 뺀다.

6 볼에 고추냉이소스 재료를 넣고 잘 섞어서 준비해 둔다.

7 김은 비린내가 나지 않도록 불에 살짝 구워놓는다.

8 김발에 김을 깔고 밥을 고루 편 후에 깻잎을 깐다. 여기에 소스를 고루 바른다.

9 ⑧에 준비한 닭고기와 채소를 모두 얹고, 돌돌 말아서 김발로 단단히 모양을 잡는다. 보기 좋게 썰어서 담아 낸다.

1 삶은 닭고기는 모양이 흐트러지지 않도록 칼을 이용해 막대 모양으로 썬다. 2 김에 밥을 고르게 편 후 깻잎을 얹고 고추냉이소스를 깻잎 가운데 고루 펴 바른다.

cook&cook series 6 · chicken · cook&cook series 6 · chicken · cook&cook series 6 · chicken · chicken · cook&cook series 6 · chicken · cook&cook series 6 · chicken · cook&cook series 6 ·

17

바스크스타일 닭구이

_ 4인분

재료와 분량

닭 1마리
올리브유 1큰술
화이트와인 1/2컵
브라운소스 1컵
양파 1개
붉은 피망 2개
푸른 피망 2개
베이컨 6장
토마토페이스트 1큰술
토마토 2개
마늘 3톨
부케가르니(로즈마리, 월계수잎,
셀러리 줄기, 파슬리) 1개
소금 · 후춧가루 · 실파 약간씩

이렇게 만들어요

1 닭은 적당한 크기로 토막 내어 소금과 후춧가루로 간을 한 후, 달군 팬에 올리브유를 두르고 색이 나게 구워준다.

2 ①의 기름기를 따라내고 화이트와인을 넣어서 구운 닭을 조리다가 브라운소스를 넣고 약한 불에서 20분 정도 더 조린다.

3 피망과 양파는 1cm 폭으로 길게 썰고, 토마토는 껍질과 씨를 제거한 다음 잘게 다진다. 마늘도 다진다. 베이컨은 적당히 자른다.

4 월계수잎, 파슬리, 로즈마리 등의 허브를 무명실로 묶어 부케가르니를 만든다.

5 팬에 올리브유를 살짝 두르고 피망과 양파, 베이컨을 넣어 부드러워질 때까지 볶은 다음 토마토페이스트와 다진 마늘, 부케가르니, 다진 토마토를 넣고 소금과 후춧가루로 간해서 볶는다.

6 ②의 닭고기를 ⑤에 넣고 20~30분 정도 중불로 졸인다. 접시에 담고 송송 썬 실파를 얹어 완성한다.

1 월계수잎, 파슬리, 로즈마리, 셀러리 등의 허브와 무명실을 준비한다. **2~3** 준비한 여러 종류의 허브를 실로 묶어 부케가르니를 만든다.

닭봉땅콩조림
_ 4인분

재료와 분량
닭봉 10개
생땅콩 1컵
대파 1/2대
저민 마늘 4개
마른 고추 1개

ⓐ 양념
간장 2큰술
바비큐소스 2큰술
청주 3큰술
물 4컵
설탕 1큰술
물엿 1/2큰술
후춧가루 약간

이렇게 만들어요

1 닭봉은 흐르는 물에 씻어서 건져 물기를 뺀다.

2 마른 고추는 작게 잘라 준비하고, 대파는 껍질을 벗겨 씻은 뒤 3cm 길이로 썬다.

3 프라이팬에 기름을 두른 뒤 저민 마늘과 자른 고추를 넣어 볶다가 향이 돌기 시작하면 ①의 닭봉을 넣고 지진다.

4 냄비에 기름을 두른 뒤 대파를 넣고 볶다가 ⓐ의 양념을 넣고 끓인다.

5 ④가 끓으면 지진 닭봉과 땅콩을 넣어 조린다. 어느 정도 알맞게 끓어오르면 불을 줄인 다음 약한 불에서 은근하게 더 조려낸다.

닭고기우엉 미니버거

_ 4인분

재료와 분량

닭고기 허벅지살 2조각
우엉 1대
달걀 1개
다진 파 · 샐러드유 2큰술씩
다진 생강 1작은술
녹말가루 1큰술

이렇게 만들어요

1 닭고기는 허벅지살로 준비하여 곱게 다진다.

2 우엉의 껍질은 연필을 깎듯이 돌려서 깎아 식촛물에 담가두었다가 물기를 뺀다.

3 볼에 다진 닭고기와 우엉을 넣은 뒤 달걀과 다진 파, 다진 생강, 녹말가루를 함께 넣고 골고루 섞어서 치대어 반죽한다.

4 프라이팬에 기름을 두른 뒤 ③을 먹기 좋은 크기로 떠 넣어 동글동글하고 노릇하게 구워낸다.

Cooking Tip

우엉은 껍질 부분에 맛있는 성분이 많이 들어 있기 때문에 솔이나 수세미로 가볍게 슥슥 문질러 씻은 뒤 칼등으로 껍질을 긁어낸다. 만약 우엉을 미리 썰어 놓았다면 바로 식촛물에 담그거나 식초를 넣은 물에 살짝 데쳐 변색을 방지한다.

cook&cook series 6 · chicken · 9 chicken · cook&cook series 6 · cook&cook series 6 · chicken · chicken · 9 series cook&cook

21

닭고기로즈마리 오븐구이
_ 4인분

재료와 분량
닭고기 허벅지살 4장
후춧가루 · 샐러드유 약간씩

ⓐ **양념**
로즈마리 1큰술
오레가노 1/2큰술
간장 · 청주 · 맛술 3큰술씩

이렇게 만들어요

1 닭고기는 다리를 준비하여 뼈를 발라내고 살코기만 준비한다.

2 ①의 닭고기는 껍질 쪽에 칼집을 1cm 간격으로 넣고 후춧가루를 뿌려 재어둔다.

3 볼에 ⓐ의 양념을 넣어 골고루 섞은 뒤 ②의 고기를 넣어 20분간 재어 놓는다.

4 철판에 호일을 깔고 샐러드유를 바른 다음 재어놓았던 고기를 놓고 180℃의 오븐에서 20분 정도 구워낸다. 중간에 남은 간장 물을 수시로 발라가며 굽는다.

닭고기 맛있게 조리하기

닭고기 살은 센 불로 한꺼번에 익히면 퍽퍽하게 되어 맛이 떨어지므로 중불로 서서히 익힌다. 대꼬챙이로 고기의 살집이 두툼한 부위를 찔러 핏물이 나오지 않으면 다 익은 것이다. 탕이나 바비큐, 통닭구이 등을 할 때 다리를 모아 무명실로 묶어 고정시킨 뒤 요리하면 모양도 흐트러지지 않고 안에 있는 내용물(찹쌀, 대추 등)도 밖으로 나오지 않는다. 구이를 할 때는 다른 기름을 많이 사용하지 말고, 구워지면서 닭에서 나오는 기름을 붓으로 껍질에 발라주면 윤이 반질반질하게 난다. 찐 가슴살은 샐러드에 주로 많이 사용한다. 보통 손으로 찢어 이용하는데, 손으로 찢으면 고르게 찢어지지 않으므로 포크를 뒤집어 머리를 빗듯 위에서 아래로 내리면 쉽고 고르게 찢어진다. 또 담백한 맛 때문에 찜으로 많이 이용하기도 하는데, 닭찜은 접시에 닭고기를 겹치지 않게 놓고 소금과 술을 살짝 뿌려준 다음 김을 올린 찜통에 넣어 5분 정도 찐다. 너무 오래 찌면 고기가 질기고 퍽퍽해지므로 적당히 찐다.

닭고기 특유의 냄새는 술을 뿌린 다음 15분 정도 두면 없어진다. 닭 냄새가 아주 강할 때는 술에 무즙을 섞어서 뿌린다.

맛있는 닭 육수 만들기

닭뼈는 알맞은 크기로 잘라 씻은 다음 냄비에 담아 찬물을 붓고 생강, 파와 함께 거품이 생길 때까지 센 불에서 끓인다. 거품은 숟가락으로 걷어내고, 국물은 젓지 않는다. 불을 약하게 조절해서 닭뼈의 고소한 성분이 우러나도록 서서히 끓인다. 고기의 진한 맛이 어느 정도 우러나면 소금과 후춧가루를 조금 넣어 밑간하면 육수가 완성된다.

닭고기레몬구이 _ 4인분

재료와 분량

닭고기 허벅지살 600g
간장 4큰술
설탕 3큰술
맛술 2큰술
레몬 1/2개
샐러드유 약간

이렇게 만들어요

1 닭고기는 허벅지살로 준비해서 껍질 쪽에 칼집을 넣는다.

2 레몬은 둥글게 슬라이스해서 준비한다.

3 볼에 간장과 설탕, 맛술을 넣고 잘 섞은 후에 ②의 레몬을 넣는다.

4 ③에 닭고기를 넣어서 20분 정도 재어둔다.

5 프라이팬에 기름을 두르고 재어둔 고기를 넣어서 굽는다.

6 약한 불에서 속까지 익도록 껍질 쪽부터 굽는다.

7 고기 밑면이 익으면 뒤집어서 굽고, 여기에 ③의 레몬을 넣어서 같이 굽는다.

1 볼에 간장과 설탕, 맛술을 넣고 잘 섞은 다음 둥글게 슬라이스한 레몬을 넣는다.
2 닭고기를 넣어서 20분 정도 재었다가 팬에 기름을 두르고 약한 불에서 속까지 익도록 굽는다.

닭고기마늘소스볶음 _ 4인분

재료와 분량

닭다리살 400g
(녹말 2큰술, 달걀 흰자 1개,
청주 1큰술, 소금 · 후춧가루
약간씩)
푸른 피망 · 붉은 피망 1/3개씩
양파 1/3개
튀김기름 약간
파기름(파 1대, 양파 1/2개,
식용유 3컵)

마늘소스

다진 마늘 1큰술, 다진 파 1큰술
간장 1작은술, 굴소스 1/2큰술
육수 또는 물 5큰술
설탕 2큰술, 식초 2큰술
청주 1큰술, 파기름 1큰술
참기름 · 후춧가루 약간씩

이렇게 만들어요

1 닭고기는 3cm 크기로 자르고 소금, 후춧가루, 청주로 밑간을 해둔다.

2 피망과 양파는 0.5cm 크기로 네모지게 썬다.

3 달걀 흰자를 풀고 녹말을 섞어 튀김반죽을 만든 다음 ①의 닭고기에 튀김옷을 입혀 노릇노릇하게 튀긴다.

4 파기름은 팬에 기름을 넉넉히 붓고 양파와 파를 채 썰어 넣은 다음 약한 불에서 천천히 40~50분 정도 갈색이 날 때까지 끓인다. 다 끓으면 파와 양파를 건져낸 다음 다른 용기에 기름을 따라낸다.

5 달군 팬에 파기름을 두르고 다진 파와 마늘을 넣어 볶다가 청주를 부어 향을 낸 다음 ②의 피망과 양파를 넣고 볶는다.

6 ⑤에 육수, 간장, 식초, 설탕, 굴소스, 후춧가루를 순서대로 넣어 소스를 만든다.

7 ⑥의 소스에 닭고기를 넣고 버무려 국물이 조금 남을 정도로 조려지면 불을 끈다.

1 파와 양파는 채 썬다. 2 팬에 기름을 넉넉히 붓고 파와 양파를 넣은 다음 약한 불에서 갈색이 날 때까지 끓인다. 3 다 끓으면 파와 양파를 건져낸 후, 용기에 기름만 따라내어 사용한다.

닭살미나리 초회

_ 4인분

재료와 분량

닭가슴살 200g
풋고추 1개
붉은 고추 1개
미나리 30g
오이 1/2개
청주 1큰술
파 1대
소금 · 후춧가루 약간씩

ⓐ 양념

고추장 2큰술, 고춧가루 1/2큰술,
설탕 2큰술, 식초 1큰술,
다진 마늘 1큰술
다진 생강 1/2작은술
겨자 갠 것 1/2작은술
깨소금 1/2큰술, 참기름 1큰술

이렇게 만들어요

1 닭가슴살은 청주와 소금 · 후춧가루를 넣어서 밑간한다.

2 ①의 닭고기를 내열용기에 담아서 대파 썬 것을 깔고, 전자레인지에서 5분간 익힌다. 살짝 식힌 닭고기는 먹기 좋게 결대로 찢는다.

3 미나리는 소금물에 살짝 데쳐 건진 다음 물기를 빼고 3cm 길이로 썬다.

4 풋고추와 붉은 고추는 어슷하게 썰어서 찬물에 헹군 다음 물기를 뺀다.

5 오이는 채 썬다.

6 볼에 ⓐ의 양념을 넣어서 잘 섞는다.

7 볼에 닭고기를 담고 나머지 채소를 넣은 다음 ⑥의 소스를 넣고 잘 버무려서 그릇에 담아 낸다.

피카타
_ 4인분

재료와 분량
닭가슴살 400g
달걀 2개
파르메산치즈 3큰술
식용유 1큰술
버터 2큰술
밀가루 · 소금 · 후춧가루 약간씩

이렇게 만들어요

1 고기가 두꺼운 경우는 두들겨 0.5cm 두께로 얇게 하고, 힘줄이 있으면 잘라둔다.

2 ①에 소금과 후춧가루를 뿌려서 밑간한 다음 밀가루를 얇게 입힌다.

3 달걀 푼 것에 치즈가루를 섞은 다음 ②의 고기를 적신다.

4 달구어진 팬에 식용유와 버터를 넣고 고기를 양면으로 구운 다음, 기름을 빼서 그릇에 담고 채소를 곁들인다.

참기름소스닭고기무침 _ 4인분

재료와 분량
닭고기 가슴살 300g
무 100g
참나물 30g

참기름소스
소금 1큰술
후춧가루 1작은술
참기름 3큰술

닭고기 양념
소금 · 후춧가루 약간씩
청주 2큰술

이렇게 만들어요

1 닭고기는 내열용기에 담고 소금, 후춧가루, 청주를 넣어서 밑간을 해둔다.

2 ①에 랩을 씌워서 전자레인지에 넣고 5분 정도 익힌다.

3 ②의 닭고기가 식으면 잘게 찢는다.

4 무는 채 썰어서 준비하고, 참나물은 3cm 길이로 썬다.

5 소스 재료를 잘 섞어서 참기름소스를 만든다.

6 볼에 무와 참나물을 담고 ⑤의 참기름소스를 1/2 정도 넣어서 무친다.

7 ③의 닭고기에 남은 소스를 넣어서 무친다.

8 그릇에 채소 무친 것을 담고, 위에 닭고기 무친 것을 얹어서 낸다.

1 닭고기는 가슴살로 준비해 내열용기에 담고 소금, 후춧가루, 청주를 넣어 밑간한다. 2 ①에 랩을 씌워 젓가락으로 구멍을 뚫고 전자레인지에 넣어 5분 정도 익힌다. 3 참나물과 무는 썰어 소스로 무친다. 4 익힌 닭고기는 결대로 찢어 참기름소스를 넣어 무친다.

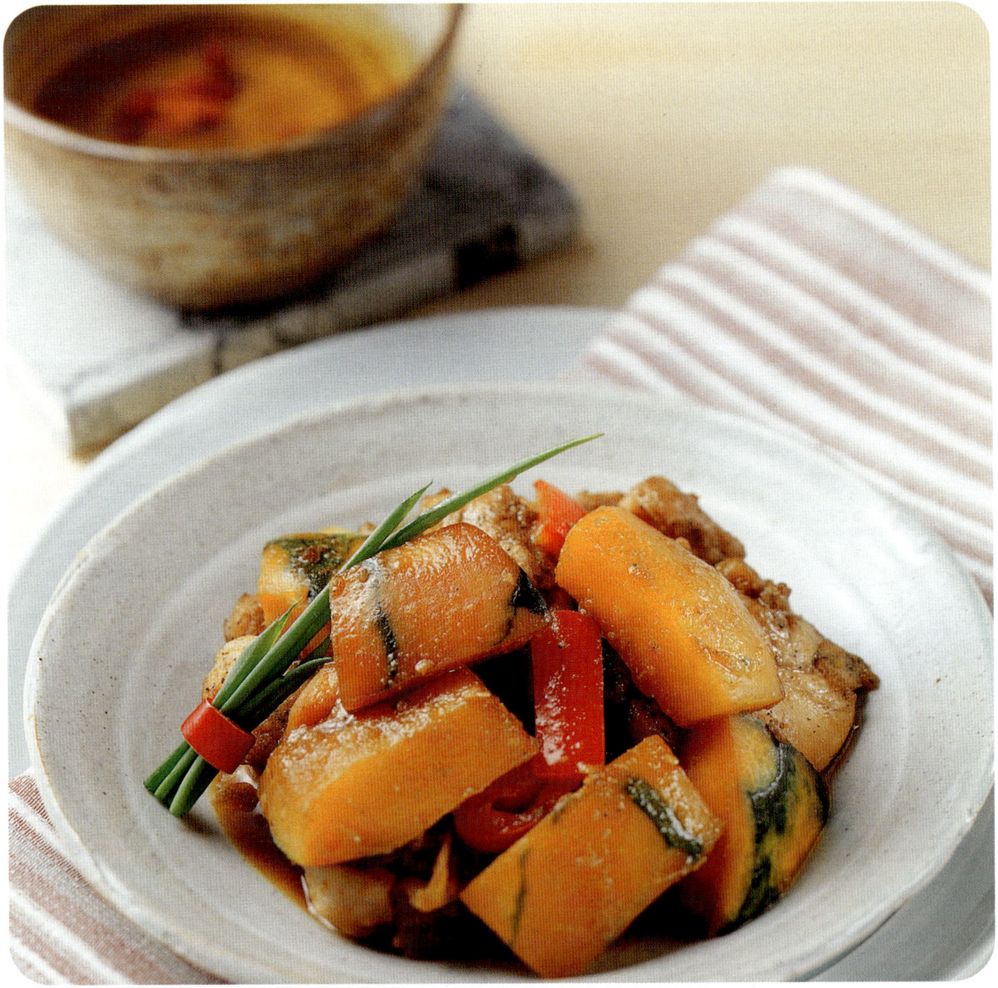

단호박안심조림 _ 4인분

재료와 분량

단호박 250g
닭 안심살 150g
(소금 · 후춧가루 약간씩,
청주 1큰술)
양파 1/2개
피망 1/2개

조림장

간장 2큰술
청주 2큰술
설탕 1/2큰술
물 2/3컵
다진 마늘 1작은술

이렇게 만들어요

1 단호박은 잘라서 씨를 제거하고 껍질을 벗겨 씻은 다음 먹기 좋은 크기로 큼직하게 썬다.

2 닭 안심살은 하얀 피막을 제거하고 씻어서 반으로 가른다.

3 양파는 껍질을 벗기고 단호박 크기로 큼직하게 썰고, 피망은 씨를 제거한 후에 같은 크기로 준비한다.

4 닭 안심살을 접시에 담고 소금, 후춧가루, 청주로 밑간하여 잰다.

5 조림장을 재료의 분량대로 섞어 만든다.

6 팬에 기름을 두르고 닭 안심살 잰 것을 넣고 볶다가 단호박, 양파 순서로 넣는다. 단호박의 겉면이 익어가면 조림장을 붓는다.

7 불을 약하게 줄여 조림장이 재료에 스며들도록 주걱으로 계속 저어준다.

8 국물이 거의 줄어들고 단호박과 닭 안심살에 윤기가 돌면 피망을 넣어 재빨리 버무린 후에 그릇에 담아 낸다.

1 단호박은 잘라서 씨를 제거하고, 초록색을 조금 두고 껍질을 벗긴다. **2** 밑간한 닭 안심살을 볶다가 단호박과 양파를 넣고 익힌다. 단호박의 겉면이 익어가면 조림장을 넣는다.

닭고기 꼬치구이
_ 4인분

재료와 분량
닭고기 허벅지살 2장
닭고기 가슴살 2장

양념장
간장 8큰술
맛술 2큰술
설탕 1큰술
물엿 1큰술

이렇게 만들어요

1 닭고기는 한 입 크기로 썰어 준비한다.

2 냄비에 양념장 재료를 넣어 2~3분 정도 끓여 식힌다.

3 ②의 양념장에 한 입 크기로 썬 닭고기를 넣어 20~30분 정도 재어둔다.

4 꼬치에 ③의 닭고기를 끼워 프라이팬에 기름을 두른 뒤 노릇하게 구워 낸다.

Cooking Tip
꼬치구이는 밖에서 열을 가해 구울 때 고기에서 나오는 영양분과 떨어지는 기름, 양념이 섞여 독특한 향과 맛을 낸다. 중불에서 석쇠나 팬에 호일을 깐 다음, 먼저 꼬치 표면 60%를 굽고 나서 뒤집어 굽는 것이 맛을 내는 비법 중 하나다.

닭고기 잣즙무침
_ 4인분

재료와 분량
닭 가슴살 400g (맛술 1큰술)
배 1/2개
대추 5개
오이 1/2개

잣즙
닭국물 3큰술
잣가루 1/4컵
설탕 1큰술
소금 1작은술

이렇게 만들어요

1 끓는 물에 맛술을 넣고 닭고기를 삶아 고기는 결대로 찢고, 국물은 받아둔다.

2 오이는 둥글게 썰어서 소금에 절인 후, 물기를 꼭 짠다. 대추는 돌려서 깎아 씨를 발라내고 4등분한다.

3 배는 길이 3cm, 1cm 두께로 썬다.

4 분량의 재료를 섞어 잣즙을 만든다.

5 볼에 닭고기와 오이, 배, 대추를 넣은 다음 ④의 잣즙을 넣어서 잘 버무려 낸다.

닭날개두반장
소스볶음
_ 4인분

재료와 분량

닭날개 10개
브로콜리 100g
두반장 3큰술
대파 1대
마늘 5톨
생강 1톨
참기름 1큰술
육수 1/4컵
물녹말 1큰술
청주 1큰술
소금 · 식용유 약간씩

이렇게 만들어요

1 닭날개는 물에 깨끗이 씻어 물기를 뺀 다음 대파와 마늘, 생강을 저며 넣고 청주를 넣어 무쳐서 30분 정도 재어둔다.

2 팬에 기름을 두르고 ①의 닭날개를 지지다가 두반장을 넣고 볶은 다음 육수를 붓는다.

3 ②에 물녹말을 넣어 버무려서 뚜껑을 덮고 푹 찐 다음 참기름을 넣고 버무린다.

4 브로콜리는 끓는 물에 소금을 넣고 파랗게 데친 다음, 찬물로 헹궈서 물기를 뺀다. 그릇에 ③의 닭날개를 담고 브로콜리를 곁들여서 낸다.

Cooking Tip

대파, 마늘, 생강 등을 넣어 닭고기 특유의 누린내를 없앤 다음 매콤한 맛의 두반장에 볶아내면, 매콤하고 개운한 맛을 즐길 수 있다. 우리나라 고추장에 가까운 두반장은 음식 맛을 매콤하고 깔끔하게 만들어 주는 양념이다.

닭고기매운탕 _ 4인분

재료와 분량

닭고기 (부위별로 토막 낸 것)
1마리
감자 2개
당근 1/2개
양파 1개
풋고추 1개
붉은 고추 1개
닭고기 육수 4컵

양념장

고춧가루 3큰술
다진 마늘 1큰술
고추장 1큰술
간장 1큰술
소금 약간

이렇게 만들어요

1 닭고기는 토막 낸 것을 준비한 후 물에 깨끗이 씻어서 물기를 뺀다.

2 감자는 4등분하고, 당근은 3cm 두께로 썬 다음 반으로 잘라서 준비한다.

3 양파는 껍질을 벗겨 손질한 뒤 물로 씻어 4등분한다.

4 풋고추와 붉은 고추는 어슷하게 썰어서 찬물에 헹군 뒤 물기를 뺀다.

5 냄비에 기름을 두르고 닭고기를 넣어서 노릇하게 볶는다. 여기에 감자와 당근, 양파를 넣고 계속해서 볶는다.

6 ⑤의 재료가 잠길 정도로 자작하게 닭 육수를 붓고 끓인다.

7 ⑥에 준비한 양념장 재료를 넣고 끓인다. 국물이 자작하게 졸아들면 고추 썬 것을 넣고 좀더 익힌다.

37

닭 고 기 이 야 기 | **3** 부 위 별 요 리 법

부위에 따라 요리도 달라요!

콜라겐 성분이 있어 피부 미용에도 좋은 닭고기는 부위에 따라 맛과
영양 성분이 달라 쓰이는 용도가 조금씩 다르므로, 각 부위의 특징과
용도를 알아두는 것이 좋다.

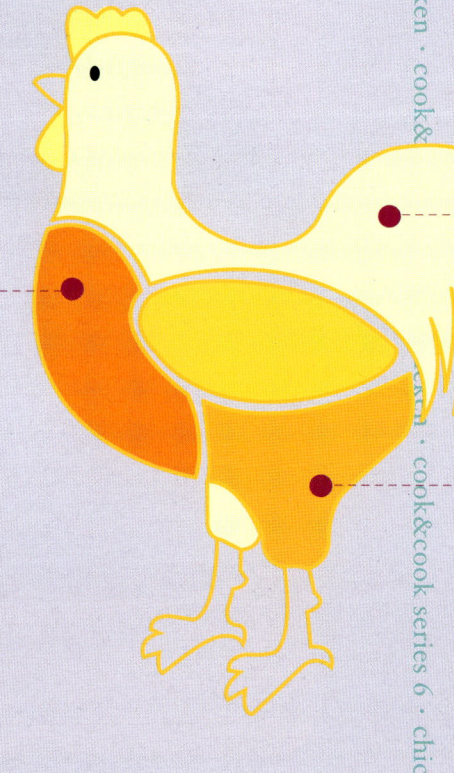

가슴살 >> 튀김, 볶음, 조림, 불고기, 샐러드

소나 돼지의 안심에 해당하는 부위로 지방이 매우 적어 맛이
담백하고 근육섬유로만 되어 있는 화이트 미트(White meat)
다. 회복기 환자 및 어린이 영양간식으로, 칼로리 섭취를 줄
여 다이어트하는 사람에게 좋다. 지방이 매우 적고 뼈가 없는
부위로, 소화가 잘 된다. 가슴살에는 힘줄이 있으므로 떼어내
고 사용하며, 열을 많이 가하면 퍽퍽해지므로 살짝 익힌다.

● **날개** >> 튀김, 볶음, 조림, 국물 요리

날갯죽지부터 날개끝까지의 부위로 살은 적고 지방분이 많다. 진한 맛이 우러나는 뼈 주위에 펙틴질이 많아 감칠맛나는 육수를 만들 수 있다. 때론 다져서 쓰는 요리에도 응용하면 좋다.

● **다리살** >> 튀김, 볶음, 조림, 구이, 찜 요리

지방과 단백질이 조화를 이루어 쫄깃쫄깃하며 모양이 좋다. 뼈와 함께 요리하는 경우가 많은데, 성장기의 어린이나 청소년들에게 좋다. 뼈가 붙은 채로 바비큐에 이용하며, 크게 토막을 쳐서 볶거나 프라이드치킨으로 요리한다. 살만 요리하기도 하는데 껍질에 칼집을 넣어 손으로 벗겨내고, 껍질과 살코기 사이에 있는 지방은 칼로 살살 긁어 없앤다.

● **근위(모래주머니, 닭똥집)** >>

튀김, 소금구이, 볶음 요리

다른 육류의 내장과 마찬가지로 영양가가 풍부하나 누린내가 많이 난다. 조리하기 전에 우유에 담가두거나 과일이나 맛술로 냄새를 없앤다. 근위는 지방은 없고 단백질이 많으며, 비타민 B와 철분이 많이 들어 있다. 쫄깃쫄깃하게 씹히는 맛이 일품이다.

신선하게 보관하려면?

닭고기는 맛술을 살짝 뿌려 밀폐된 용기에 넣어 보관하거나 양배춧잎에 잘 싸서 냉장고에 넣어두면 맛이 변하지 않게 보관할 수 있다. 금방 조리할 용도로 냉장고에 잠시 보관할 때는 넣기 전에 닭을 깨끗이 씻어 물기를 빼고 소금과 후춧가루, 맛술로 밑간을 하여 넣어두는 것이 좋다. 오랜 기간 보관하려면 자르지 말고 통째로 랩이나 비닐 봉지에 싸서 보관하도록 한다.

구운 닭고기와 야채절임

_ 4인분

재료와 분량

닭고기 다리살과 가슴살 400g
소금 · 후춧가루 약간씩
양파 1/2개
당근 1/4개
셀러리 2줄기
방울토마토 4개
꼬치 10개
샐러드유 약간

소스

식초 3큰술
설탕 2큰술
소금 1작은술
간장 2작은술
붉은 고추 다진 것 1큰술
깨소금 1/2큰술

이렇게 만들어요

1 닭고기는 한 입 크기로 잘라서 소금과 후춧가루를 뿌려 밑간한다.

2 ①의 닭고기를 꼬치에 꿴다.

3 양파와 당근과 셀러리는 채를 썰어서 준비하고, 방울토마토는 깨끗하게 씻어서 4등분한다.

4 프라이팬에 기름을 두르고 ②의 닭고기를 넣어서 노릇하게 굽는다.

5 소스 만들기에 필요한 재료를 분량대로 넣고 고루 섞어서 만든다.

6 오목한 접시에 준비한 채소와 방울토마토를 넣고, ④의 구운 닭고기를 얹는다.

7 ⑤의 소스를 ⑥에 끼얹어서 1시간 정도 두었다가 채소가 부드러워지면 먹는다.

1 당근과 셀러리, 양파는 채 썰어 준비한다. **2** 밑간을 한 닭고기는 긴 꼬치에 꿰어 노릇하게 굽는다. **3** 준비한 채소에 구운 닭고기를 올려 야채 숨을 죽여 부드럽게 한다.

닭꼬치구이 _ 4인분

재료와 분량
닭고기(가슴살과 다리살) 400g
대파 2대
마늘 100g

ⓐ **재료**
간장 1/2컵
맛술 1/2컵
설탕 2큰술

이렇게 만들어요

1 닭고기는 살코기로 준비해서 먹기 좋게 한 입 크기로 자른다.

2 냄비에 간장, 맛술, 설탕을 넣고 끓인다. 끓으면 불을 줄여서 5~10분 정도 살짝 조린다.

3 대파는 2cm 길이로 썰고, 마늘은 통으로 준비한다.

4 꼬치에 닭고기와 마늘, 대파를 보기 좋게 뀐다.

5 ②의 양념장에 ④를 5분 정도 담갔다가 꺼낸다.

6 그릴에 호일을 깔고 기름을 바른 후 ⑤를 놓고 굽는다.

7 익으면 색이 나도록 2~3회 정도 양념장을 발라가면서 굽는다.

1 한 입 크기로 잘라 준비한 닭고기와 마늘, 대파를 보기 좋게 꼬치에 뀐다. **2** 그릴에 호일을 깔고 기름을 바른 후 꼬치를 구워야 음식이 눌러붙지 않는다.

cook&cook series 6 · chicken · chicken · cook&cook series 6 · cook&cook series 6 · chicken · chicken · cook&cook series 6

43

닭고기 양장피잡채

_ 4인분

재료와 분량

닭고기 가슴살 200g
양장피 2장
오이 1개
대파 1/2대, 생강 1톨

ⓐ 재료

소금 1큰술, 진간장 1큰술
물 5컵, 청주 1큰술

겨자소스

겨자 갠 것 1큰술
진간장 1작은술, 식초 2큰술
설탕 2큰술, 참기름 약간
연유 1큰술, 소금 약간

이렇게 만들어요

1 대파는 2cm 길이로 썰고, 생강은 편으로 썬다.

2 냄비의 물이 끓으면 닭고기와 ⓐ의 재료를 넣어서 삶는다.

3 닭고기가 익으면 건져서 먹기 좋게 손으로 찢는다.

4 오이는 납작하게 썬다.

5 겨자를 볼에 넣고 따뜻한 물을 부어서 발효시켜두었다가, 여기에 소스 재료를 넣어서 겨자소스를 만든다.

6 끓는 물에 양장피를 넣고 투명하게 삶은 다음 찬물에 헹궈 물기를 뺀다. 먹기 좋게 손으로 뜯어서 준비한다.

7 접시에 오이와 닭고기, 양장피를 보기 좋게 담은 뒤 겨자소스를 곁들여 상에 낸다.

치킨아라캉
_ 4인분

재료와 분량

닭고기 400g
닭 육수 4컵
밀가루 2큰술
버터 2큰술
소금 · 후춧가루 약간씩
양송이 4개
양파 1개
우유 1컵
푸른 피망 · 붉은 피망 1개씩

이렇게 만들어요

1 닭고기는 살코기로 준비해서 사방 2cm 크기로 자른다.

2 양파는 사방 2cm 크기로 썬다. 양송이는 껍질을 벗겨서 4등분한다.

3 피망은 꼭지를 떼어내고 씨를 턴 후에 사방 2cm 크기로 썬다.

4 냄비에 버터와 밀가루를 넣고 약한 불에서 서서히 볶는다.

5 ④가 잘 볶아지면 닭 육수를 넣어서 멍울 없이 잘 푼 다음 우유를 넣고 끓인다.

6 프라이팬에 버터를 두르고 닭고기를 넣어서 볶다가 양파와 피망, 양송이를 넣어서 잘 볶는다.

7 ⑤에 ⑥의 볶은 재료들을 넣어서 끓인다.

8 소금과 후춧가루로 간한다.

라조기
_ 4인분

재료와 분량

닭고기 살코기 450g
(간장 1½큰술, 청주 1½큰술)
튀김기름 적당량
피망 · 표고버섯 2개씩
죽순 50g
대파 1대, 마늘 2톨
마른 고추 2개
달걀 1개
불린 녹말 250g
고추기름 3큰술
식용유 1큰술
진간장 3큰술, 청주 3큰술
육수 1½컵
녹말물(녹말 · 물 1½큰술씩)
참기름 1½큰술

이렇게 만들어요

1 닭고기는 가슴살이나 안심살을 준비해서 먹기 좋게 한 입 크기로 썬다.

2 표고버섯은 기둥을 떼어내고 반으로 썬다. 큰 것은 4등분한다.

3 피망은 꼭지를 떼어내고 반으로 잘라서 속을 털어낸 다음 먹기 좋게 한 입 크기로 어슷하게 썬다.

4 죽순은 끓는 물에 한 번 데쳐서 찬물에 헹궈 반으로 자른 다음 빗살 모양으로 썬다.

5 마른 고추는 어슷하게 썰고, 마늘은 편으로 저민다.

6 대파는 3cm 길이로 썬 다음 다시 길이로 반을 썬다.

7 볼에 ①의 닭고기를 담고 간장과 청주를 넣어서 30분 정도 재어둔다.

8 ⑦에 달걀과 불린 녹말을 넣고 손으로 잘 섞어서 둔다.

9 180℃의 기름에 ⑧을 넣고 속까지 익도록 노릇하게 튀긴다.

10 프라이팬에 고추기름과 식용유를 넣고, 대파와 마늘과 고추를 넣어서 볶는다.

11 기름에 향이 배면 간장과 청주를 넣고, 죽순과 표고버섯과 피망을 넣어서 볶는다.

12 ⑪에 고기를 넣어서 볶다가 육수를 붓고 끓인다.

13 ⑫에 녹말물을 넣어서 걸쭉하게 한 후 참기름을 넣고, 살짝 섞어서 낸다.